AF253948

LA
PERSONNALITÉ DE L'ÉTAT

EN MATIÈRE D'EMPRUNT

LA PERSONNALITÉ DE L'ÉTAT

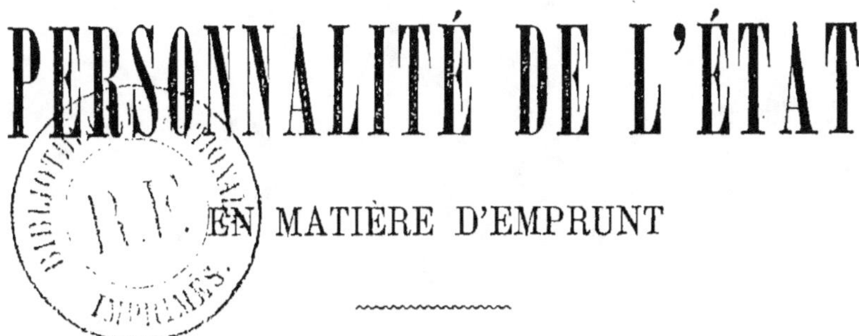

EN MATIÈRE D'EMPRUNT

LE GOUVERNEMENT PORTUGAIS

ET

L'EMPRUNT DE 1832

PAR

Em. ALGLAVE
Chargé du cours de science financière
à la Faculté de droit de Paris.

Louis RENAULT
Chargé du cours de Droit des gens
à la Faculté de droit de Paris.

PARIS

LIBRAIRIE MODERNE, 17, boulevard Montmartre.

1880

LE GOUVERNERNEMENT PORTUGAIS

ET

L'EMPRUNT DE 1832

MÉMOIRE A CONSULTER

I

Vers la fin du mois de juillet 1879, un *Avis*, inséré dans la plupart des journaux et affiché sur les murs de Paris, constatait qu'un *Emprunt royal de Portugal* de 40 millions de francs, émission de 1832, dont le remboursement devait s'effectuer en 32 ans, *était en souffrance* pour la plus grande partie. On invitait les porteurs des obligations non remboursées à se faire connaître dans le but de prendre part à une réunion générale de tous les intéressés qui devait se tenir prochainement (1). Le 1ᵉʳ août, le comte de San Miguel, chargé d'affaires du Portugal, faisait signifier une *protestation* (2) à M. Battarel, secrétaire de la commission syndicale des porteurs et signataire de l'*Avis* en question. La protestation amenait une *contre-protestation* (3) du comte de Reilhac, président de cette commission, et de M. Battarel. Le 16 août, le comte de

---

1. Voir le texte de ces *Avis* dans l'ouvrage suivant, auquel nous renverrons fréquemment pour les documents qui y sont rapportés, *Emprunt royal de Portugal*, 1 vol. in-8°. Paris 1880.

2. *Op. cit.* p. 23.

3. *Op. cit.* p. 26.

San Miguel citait MM. de Reilhac et Battarel devant le Tribunal de police correctionnelle de la Seine pour répondre des délits d'offense et de diffamation envers le gouvernement portugais (1). La 10ᵉ chambre du tribunal de la Seine rendait le 30 août un jugement par défaut condamnant M. de Reilhac à 3000 francs d'amende et M. Battarel à 4 mois de prison et à 3000 francs d'amende pour offense envers le gouvernement portugais (2). Sur l'opposition, la 10ᵉ chambre a, le 8 janvier 1880, renvoyé les prévenus des fins de l'assignation. Dans ses considérants, le jugement relève les faits suivants :

Attendu, au surplus et en fait, que, y eût-il entre un souverain et son gouvernement une solidarité assez étroite pour qu'il pût se juger atteint par les attaques dont le gouvernement serait l'objet, les circonstances de la cause ne permettraient pas d'attribuer aux imputations formulées par les prévenus le caractère d'une offense envers le Gouvernement portugais, et moins encore envers le Roi ;

« Qu'il importe, à cet égard, de rappeler que l'Emprunt qui a motivé leurs publications a été contracté, en 1832, par le roi Dom Miguel, ALORS EN POSSESSION PAISIBLE DU POUVOIR QUE LES CORTÈS LUI AVAIENT DÉFÉRÉ EN 1828, *et qu'il a été publiquement émis et coté à la Bourse de Paris au mois d'avril 1833 ;*

Que, d'autre part, une partie des fonds provenant de cette opération, représentée par des traites sur l'Angleterre, est entrée dans les caisses du Gouvernement qui, après la prise de Lisbonne par Dom Pedro, au mois de juillet 1833, a succédé à celui de Dom Miguel ;

Que, pour faciliter cet encaissement, le nouveau gouver-

1. *Op. cit.*, p. 30.
2. *Op. cit.*, p. 32.

*nement a, à deux reprises, en 1833 et 1840, officiellement
déclaré que les sommes ainsi recouvrées ou à recouvrer
sur les traites devaient être mises à part pour être répar-
ties entre ceux à qui elles pouvaient appartenir ;*

*Que, conformément à ces déclarations, les sommes figu-
rèrent aux budgets portugais, dans un chapitre spécial des
recettes extraordinaires, jusqu'en 1841, époque où ce
chapitre disparut et où les ressources provenant de l'Emprunt furent confondues dans la masse du Budget ;*

*Qu'enfin, depuis 1834, le service de l'Emprunt a été
arrêté ;*

*Attendu qu'en présence de ces faits, il n'est pas possible
de prêter aux prévenus, uniquement préoccupés de la dé-
fense de leurs intérêts, cette intention de dénigrement et
de malveillance sans laquelle il n'est pas d'offense ;*

*Que si le Tribunal n'a point à apprécier leurs préten-
tions, il ne peut cependant oublier que tous les éléments
du débat soulevé entre eux et le Portugal, débat considé-
rable par les intérêts et les principes engagés, non moins
que par l'inégalité des forces des parties, appartiennent à
l'histoire, et que si le publiciste et l'historien ont pu libre-
ment s'en inspirer pour les discuter et les apprécier, à
plus forte raison les intéressés lésés par les événements
étaient-ils autorisés à les présenter à leur point de vue et
à en réveiller le souvenir dans l'espérance d'en faire jaillir
la reconnaissance de ce qu'ils appellent leur droit.*

On nous demande d'examiner, au point de vue du
droit public, les faits rappelés par le tribunal de la Seine
et de faire cette appréciation qui, d'après le jugement,
est du ressort du publiciste et de l'historien. Nous
allons donc exposer les règles admises par la science et
la pratique pour le cas où un gouvernement est renversé, et les faits accomplis en Portugal de 1828
à 1833 ; nous pourrons alors résoudre la question de

savoir quelle est, à l'égard des souscripteurs de l'Emprunt de 1832, la situation du gouvernement établi en Portugal depuis la fin de 1833.

II

Il est aujourd'hui universellement reconnu que la personnalité d'un État ne change pas, quelles que soient les modifications qui surviennent dans la constitution du pays. Les droits et les obligations, qui résultent des actes faits par un gouvernement, subsistent à l'égard des gouvernements subséquents, de quelque façon que ceux-ci aient succédé au pouvoir (1). — Il y a de cela une raison de droit et une raison de fait.

La raison de droit est que les divers gouvernements ne sont que les représentants de l'État; l'existence d'un nouveau représentant ne peut avoir pour résultat de frapper de nullité les actes régulièrement faits par un représentant antérieur.

La raison de fait ou d'utilité est qu'autrement il n'y aurait aucune sécurité dans les relations avec les États, puisqu'on n'est jamais absolument sûr qu'un gouvernement ne sera pas renversé. Comment faire avec un État un contrat à longue échéance, alors que ce contrat pourrait être capricieusement méconnu par le gouvernement nouveau qui, 20 ans ou 30 ans plus tard, représentera l'État? Un gouvernement ne devrait

1. Dans des instructions données en 1816 par le Président des États-Unis à un agent envoyé en mission extraordinaire auprès du gouvernement restauré à Naples pour demander une indemnité à raison de faits imputés au gouvernement de Murat, on lit déjà : « Aucun principe n'est mieux établi que celui « d'après lequel une nation est responsable des actes de son gouvernement, « sans qu'un changement d'autorité affecte les obligations encourues ». Lawrence, Commentaire sur Wheaton, 1er volume, p. 222.

plus songer à emprunter de l'argent en promettant de servir une rente perpétuelle aux souscripteurs, puisqu'il ne pourrait pas assurer en même temps la perpétuité de la Constitution en vertu de laquelle il représente actuellement l'État emprunteur.

Si on n'était pas sûr que le contrat sera toujours reconnu valable, dans quelques mains que passe le gouvernement, on ferait un véritable contrat aléatoire, fondé sur les hasards de la politique, contrat impliquant d'énormes intérêts pour compenser des risques énormes, et une échéance prochaine de remboursement pour limiter la durée de ces risques.

Il n'est pas besoin de citer beaucoup d'autorités à l'appui d'une règle aussi simple, imposée à la fois par les principes du droit et par la nécessité. Après avoir parlé de l'identité de l'État, qui persiste tant qu'aucun changement fondamental n'y a été introduit, Wheaton (1) ajoute : « Si ce changement est opéré par une « révolution intérieure qui change la constitution de « l'Etat, ou la forme de son gouvernement, ou la dy- « nastie qui y règne, l'État demeure le même ; il ne « perd aucun de ses droits et n'est libéré d'aucun de « ses engagements ». Bluntschli (2) pose également cette règle : « L'État reste la même personne en droit « international, lors même que sa constitution est tan- « tôt monarchique, tantôt républicaine, ou qu'il est « pendant une période, gouverné constitutionnelle- « ment et après cela autocratiquement. Ses droits et « ses obligations vis-à-vis des autres États n'en subsis-

1. *Éléments du droit international*, 1ʳᵉ partie, ch. 11, p. 7.
2. *Le droit international codifié*, traduction Lardy, règle. 40.

« tent pas moins. » On peut consulter dans le même
sens Heffter (1), Calvo (2) et, du reste, tous les jurisconsultes anciens et modernes (3).

Les auteurs font remarquer que la situation est la
même, quelle que soit la situation respective du gouvernement renversé et du gouvernement nouveau,
quand même celui-ci se dirait *légitime* et aurait chassé
un gouvernement prétendu usurpateur. La seule condition nécessaire pour que le gouvernement nouveau
soit l'ayant-cause du gouvernement intermédiaire, c'est
que celui-ci ait eu une existence réelle, ait pu être considéré comme représentant de fait le pays, pendant un certain temps au moins. Ainsi, l'Autriche n'était pas
tenue des actes faits en 1849, par Kossuth en Hongrie
ou par Manin à Venise, parce qu'on ne peut dire qu'il
y ait eu, à ce moment, dans aucun de ces deux pays,
un gouvernement sûr du lendemain.

« Le souverain rétabli, dit Heffter (4), doit s'abstenir
« de faire un usage rétroactif de ses droits, soit envers
« ses propres sujets, soit envers des sujets étrangers,
« à raison de tout ce qui s'est passé pendant son expul-
« sion conformément aux règles établies par le pouvoir
« intermédiaire ». Il n'est pas indifférent de faire
remarquer qu'Heffter a en vue le cas d'un gouvernement renversé par la guerre ; une dynastie a été
chassée par la conquête étrangère ; une autre dynastie

---

1. *Le droit international de l'Europe*, § 24.

2. *Le droit international théorique et pratique*, § 85-87.

3. Bynkersœck disait d'une façon à la fois très brève et très exacte : *forma civitatis mutata, non mutatur ipse populus. Eadem ubique res publica est. Étude de Droit international sur l'Emprunt royal Portugais de 1832*, par H. Becker, 1874, pages 76 et suivantes.

4. *Op. cit.*, § 188, III.

a été imposée au pays. Le rétablissement de l'ancienne dynastie ne lui permet pas de déclarer nuls les actes du gouvernement intermédiaire, établi et maintenu par une force extérieure. Combien à plus forte raison faut-il dire cela lorsque c'est le pays lui-même qui change d'opinion, qui chasse ceux qu'il acclamait la veille ! Il est bien naturel qu'il soit responsable des actes du gouvernement qu'il a accepté ou toléré (1).

Pour trouver la confirmation de toutes ces idées, il suffit de consulter l'histoire de notre pays. Depuis 1789, des régimes très différents se sont succédé en France ; jamais un gouvernement n'a songé à répudier les dettes contractées par un gouvernement précédent. — Prenons le cas le plus saillant.

Tous les gouvernements qui s'étaient succédé en France depuis la déposition de Louis XVI étaient regardés comme usurpateurs par Louis XVIII, qui se considérait comme ayant été le souverain de droit de la France pendant cette période, et qui affirmait sa prétention de la manière la plus nette en datant le commencement de son règne de la fin du règne supposé de Louis XVII. Est-ce que cela a empêché le gouvernement de la Restauration d'accepter pleinement les engagements pris par les gouvernements, ainsi effacés d'un trait de plume, soit envers les puissances étrangères, soit envers les particuliers ? Cela s'est même appliqué aux obligations contractées par Napoléon, pendant la période si courte des Cent-jours,

---

1. V. Bluntschli, *op. cit.*, règles 44 et 45 ; Calvo *op. et loc. cit.* — Lawrence examine dans un paragraphe spécial les *Effets des actes d'un usurpateur* et donne de nombreux exemples à l'appui de la règle posée ci-dessus *(op. cit.*, p. 214-223).

alors que l'on faisait cependant condamner comme rebelles les fauteurs du mouvement.

Ce que nous disons de la France, s'est également passé dans les divers pays auxquels Napoléon avait imposé des gouvernements, remplacés en 1814 par les anciens souverains.

Un autre principe également certain aujourd'hui, c'est que le droit international n'a pas à s'inquiéter de la légitimité ou de l'illégitimité du gouvernement établi dans un pays. « La représentation de l'État à l'extérieur « incombe dans la règle au gouvernement qui a de fait « la direction des affaires, *qui actu regit* » (1). Peu importent les moyens employés pour obtenir ou conserver le pouvoir; les étrangers n'ont pas à en tenir compte dans les rapports qu'ils ont avec le gouvernement. Ils peuvent savoir qui, en fait, gouverne, administre, obtient obéissance; ils ne peuvent rechercher si le souverain de fait est, en même temps, le souverain de droit. Autrement ils interviendraient moralement dans les affaires intérieures du pays et violeraient ainsi à certains égards le principe de non intervention, universellement accepté aujourd'hui comme une sauvegarde nécessaire de l'indépendance des États.

III

Appliquons ces principes incontestés à l'affaire qui nous est soumise, Dom Miguel a-t-il été le souverain du Portugal? A-t-il représenté ce pays et a-t-il pu contracter en son nom?

Nous ne pouvons rappeler en détail les circonstances

1. Bluntschli, *op. cit.*, règle 116.

à la suite desquelles Dom Miguel a été proclamé roi de Portugal en 1828 (1). Nous citerons seulement le récit de l'historien qui fait autorité pour cette époque. Après avoir raconté l'arrivée à Lisbonne, en 1827, de l'infant Dom Miguel, appelé à la régence pendant la minorité de Dona Maria, sa nièce, après avoir montré les indécisions du parti libéral et constitutionel, le désir de Dom Miguel de s'emparer du pouvoir absolu, l'appui qu'il trouvait dans la plus grande partie de la population et la vaine tentative faite par les constitutionels à Porto, M. de Viel-Castel ajoute (2) :

« Le triomphe de Dom Miguel était complet. Les Cortès,
« réunis à Lisbonne le 23 juin, déclarèrent le 25 que l'empe-
« reur Dom Pedro, devenu étranger par l'acceptation d'une
« couronne étrangère et ayant par là perdu ses droits au
« trône portugais, n'avait pu les transmettre à sa fille ; que
« Dom Miguel était devenu par conséquent, au moment même
« de la mort de leur père, le souverain légitime du Portugal,
« et que tous les actes de Dom Pedro, relatifs à ce royaume,
« y compris l'octroi de la Constitution, devaient être considérés
« comme nuls (3). Le 4 juillet, Dom Miguel fit publier un
« décret par lequel il accepta le titre et la dignité de Roi, qui
« disait-il, lui appartenaient en vertu des lois fondamen-
« tales du pays. Le peuple de Lisbonne accueillit cette procla-
« mation avec des transports d'allégresse..... Un incident
« grave vint pourtant modérer la joie du parti vainqueur. Les
« représentants des cours étrangères, dont les conseils et les
« remontrances n'avaient pu empêcher la révolution qui s'o-
« pérait en ce moment, protestèrent contre cette révolution
« en faisant enlever de la façade de leurs hôtels les armes de
« leurs souverains, demandèrent leurs passeports et partirent

1. Voir *Emprunt royal de Portugal*, p. 49 et suiv.
2. *Histoire de la Restauration*, XVIII, 425 et suiv.
3. V. les actes des Cortès, *Emprunt royal de Portugal*, pag. 61 et suiv.

« tous dans la journée du 5, à l'exception du nonce, du ministre
« d'Espagne et de celui des États-Unis, retenus, le premier par
« le devoir de veiller aux intérêts de la religion, le second par la
« solidarité qui existait, dans les deux royaumes de la Péninsule,
« entre les partisans de l'absolutisme comme entre ses adver-
« saires, le troisième enfin, par le principe, constamment
« observé à Washington, de reconnaître tous les gouverne-
« ments de fait, sans rechercher leur origine. »

L'historien constate que le Portugal tout entier était désormais soumis à l'autorité de Dom Miguel (1), que l'île de Madère et les Açores reconnaissaient encore la souveraineté de Dona Maria, mais qu'un corps de troupes miguelistes, qui y fut envoyé, eut promptement raison de leur résistance ; l'île de Terceira seule, mieux défendue, repoussa avec succès deux attaques successives(2).

Il est donc incontestable que Dom Miguel a été, en 1828, accepté comme roi *par tout le Portugal*, que son autorité y était reconnue sans difficulté et n'y rencontrait pas la moindre résistance, qu'elle avait triomphé également aux Açores ; seulement qu'une insurrection avait éclaté très vite dans une très petite île, à Terceira.

IV

Maintenant Dom Miguel était-il parvenu au trône par des moyens légitimes et honnêtes ? Les élections aux Cortès avaient-elles été libres ? A qui, *en droit*, apartenait la couronne de Portugal, à Dom Miguel ou

1 Voir aussi Duvergier de Hauranne, *Histoire du gouvernement parlementaire*, X, 53.

(2) Sur la situation de Terceira, voir les faits rapportés dans la brochure *le Portugal devant les tribunaux français*, p. 170 et suiv. Terceira elle-même fut soumise quelque temps à Dom Miguel.

à Dona Maria? Ce sont des questions qui ne présentent guère, dans notre affaire, qu'un intérêt de curiosité, puisque, — nous l'avons établi plus haut, — un pays n'est et ne peut être représenté que par le *souverain de fait* et non par le *souverain de droit*. Nous n'avons pas à rechercher qui avait raison de Dom Miguel ou de Dom Pedro, mais qui avait qualité pour parler au nom du Portugal et pour obliger celui-ci.

Nous dirons toutefois quelques mots de cette question de légitimité, beaucoup moins simple qu'on ne le croit souvent. Dom Miguel a été renversé au bout de quelques années, il représentait des idées peu sympathiques en général et il avait abusé cruellement du pouvoir absolu : tout cela devait conduire naturellement à le regarder comme un tyran qui s'était emparé du trône par usurpation.

On pourrait se demander d'abord s'il convient bien à Dom Pedro de s'étonner de la conduite de son frère. Dans une discussion soulevée à la Chambre des Communes par lord Palmerston (1), Robert Peel, alors ministre, observait justement que, si Dom Miguel avait violé ses serments, il n'avait fait que suivre l'exemple que lui avait donné Dom Pedro, en rendant le Brésil indépendant du Portugal et en rompant le lien d'obéissance qu'il avait contracté avec son père; « Dom Miguel a traité Dom Pedro comme celui-ci avait traité Dom Jean VI ». Le ministre ajoutait qu'il ne pouvait contraindre la Grande-Bretagne de s'armer pour défendre une constitution qui n'avait qu'un petit nombre de partisans : « il s'agit de savoir s'il faut

1. Séance du 10 mars 1830.

contraindre un peuple à recevoir malgré lui les insti-
tutions qu'il repousse ». — On ne peut indiquer plus
nettement que, si Dom Miguel est blâmable, son adver-
saire n'est pas sans reproche, et qu'en définitive le Portugal veut Dom Miguel et ne se soucie pas de la constitution de Dom Pedro.

En effet, il n'est pas sans intérêt de rappeler en
passant que cette Constitution, rédigée au Brésil en huit
jours et envoyée en Portugal, devait, d'après les ordres
de Dom Pedro, être soumise aux Cortès, mais que le
parti au pouvoir se contenta de la faire afficher dans
les rues de Lisbonne, parce qu'il était convaincu que
les Cortès la rejetteraient. C'est ce que constatait Lord
Aberdeen, ministre des affaires étrangères dans une
discussion à la Chambre des Lords (1) :

« Lord Melbourne a accusé Dom Miguel d'avoir usurpé
« le trône de Portugal. Je ne prétends pas entrer dans tous les
« mystères des lois portugaises ; mais qu'il soit usurpateur ou
« non, il est incontestable que dans cette question, ce sont les
« Portugais qui sont les meilleurs juges. Eh bien ! l'immense
« majorité de cette nation a déclaré qu'il n'était pas un usur-
« pateur, mais bien le possesseur légitime du trône. Voyez
« comment les deux frères se sont présentés au Portugal.
« Quand Dom Pedro envoya une Constitution, présent bien
« fatal, selon moi, il exigea qu'elle fut consentie par les trois
« États du Royaume et ensuite promulguée. Comment a-t-on
« suivi ses ordres ? Le parti alors au pouvoir n'osa pas remplir
« la volonté de Dom Pedro ni soumettre la Constitution aux
« trois États parce qu'on n'ignorait pas que cette Assemblée
« ne manquerait pas de contester les titres de Dom Pedro à
« accorder une Constitution. Dom Miguel a agi tout autrement

1 Séance du 6 février 1830.

« en arrivant en Portugal. Sans examiner ici si les Etats ont
« été légalement convoqués, il les assemble par le fait, et en se
« conformant à tous les anciens usages prescrits dans ces
« sortes de réunions, il soumet à la délibération ses droits à la
« couronne. Cette assemblée n'hésite pas à les proclamer, et
« jamais le Portugal n'avait vu une assemblée plus nombreuse
« et plus respectable par le rang, la fortune et le caractère de
« ses membres » (1).

Dom Pedro n'avait-il pas renoncé à tous ses droits
au trône de Portugal en se faisant proclamer souverain
d'un pays qui, en vertu d'un article formel de sa constitution même, devait toujours être séparé du Portugal?
N'était-il pas devenu un étranger pour le Portugal,
incapable, par suite, de régner sur ce pays? Avait-il
pu, dès lors, conférer à Dona Maria des droits qu'il
n'avait pas? Voilà des questions dans l'examen desquelles
nous ne voulons pas entrer. Il nous a suffi de montrer
que l'illégitimité du gouvernement de Dom Miguel n'est
pas si évidente qu'on a l'habitude de le dire, qu'il y a au
moins des doutes très sérieux à ce sujet. Mais ce qui n'est
pas douteux, ce qui est attesté par tous les témoignages,
c'est la manière dont la très grande majorité du peuple
portugais résolvait la question en 1828 et dans les
années suivantes; le gouvernement de Dom Miguel
n'était pas seulement accepté, mais voulu. Cela nous
suffit pour le point de vue auquel nous devons nous
placer.

La révolte de Terceira pouvait-elle empêcher Dom
Miguel de représenter le Portugal? Évidemment non;
il s'agissait d'un point isolé, d'une île lointaine et sans

---

1. Voir la liste des membres des Cortès dans l'*Emprunt royal de Portugal*
p. 74-83.

importance. L'insurrection carliste en Espagne, de 1833 à 1839, de 1873 à 1876 a duré des années, s'est étendue à plusieurs provinces, a tenu en échec le gouvernement de Madrid ; pense-t-on que si Don Carlos avait fini par l'emporter, il aurait pu soutenir que, pendant cette période de lutte, c'était lui qui avait seul représenté l'Espagne, de telle sorte que tout ce qu'avait pu faire le gouvernement de Madrid, tous les engagements qu'il avait contractés étaient à considérer comme non avenus? Personne n'oserait le dire. Comment alors peut-on tenir, au nom de Dom Pedro, le langage qu'on ne pourrait pas tenir au nom de Don Carlos ?

La situation a même été bien plus nette en Portugal sous Dom Miguel, qu'en Espagne, aux époques que nous venons de rappeler. Le continent Portugais était entièrement soumis au gouvernement de Dom Miguel dont aucune résistance ne gênait l'action. Les rares partisans de Dom Pedro et de Dona Maria avaient émigré et laissé le champ libre à leurs adversaires. C'est en ce sens que s'expriment les historiens les plus favorables à la *Restauration* qui a eu lieu à la fin de 1833. « Nous passons sur les temps difficiles « de l'émigration, dit l'un d'eux (1), nous omettons à « dessein les luttes pénibles et secrètes qui se multi- « plièrent en France, en Angleterre et en Belgique. » Il n'est donc pas resté en Portugal un gouvernement rival de celui de Dom Miguel ; il y a eu *émigration* et la lutte, qui aurait, dit-on, empêché Dom Miguel d'avoir la possession paisible du pouvoir, ne s'est produite pendant longtemps qu'à l'étranger.

____

1. F. Denis, *Le Portugal*, 1 vol. in-8. L'auteur est hostile à Dom Miguel.

V

Le gouvernement subséquent a reconnu lui-même le caractère que nous attribuons au gouvernement de Dom Miguel : c'est ce qu'il est facile de prouver par des documents positifs. Quand une insurrection a occupé une portion du territoire, le gouvernement légal, qui en triomphe, se hâte de faire disparaître toute trace du régime insurrectionnel. Quelque apparence régulière que se soit donnée celui-ci, on ne tient aucun compte de ses actes, même des actes étrangers à la lutte et à la politique.

Pour ne donner qu'un exemple, après la chute de la Commune de Paris, on a annulé tous les actes dressés par les prétendus officiers de l'état civil installés par l'insurrection.

Est-ce de la même façon qu'on a procédé au Portugal? Pas le moins du monde. Le gouvernement de Dom Pedro a reconnu les emprunts émis par Dom Miguel sauf celui dont nous nous occupons (1); il a laissé subsister sa monnaie (2), sa législation, et on voit encore aujourd'hui figurer dans le recueil officiel des lois portugaises, une série de lois ou de décrets rendus au nom de Dom Miguel (3). Est-il possible de soutenir après cela que les actes de Dom Miguel sont les actes d'un chef d'insurgés, qui n'obligent que lui personnellement, mais non l'État, et qui ne sauraient être opposés au gouvernement qui a triomphé? A partir de 1828, il n'y a pas eu deux gouvernements en Portugal, *deux*

---

1. *Emprunt royal de Portugal,* p. 45, 140, 161
2. *Op. cit.,* p. 132 et suiv.
3. *Op. cit.,* p. 84 et suiv.

gouvernements coexistants sur le même territoire, deux pouvoirs armés l'un contre l'autre, de telle sorte que l'un ne pourrait être tenu des actes de l'autre. Il n'y a eu qu'un gouvernement. On ne saurait en rien comparer la situation du Portugal à cette époque avec celle des États-Unis pendant la guerre de sécession. Cependant, le gouvernement de Washington pouvait encore dénier au gouvernement de Richmond tout caractère légal, prétendre qu'il ne représentait ni en droit ni en fait une partie de la Confédération. Dom Pedro ou Dona Maria ne représentent pas plus le Portugal de 1828 à 1833 que Louis XVIII n'a représenté la France de 1793 à 1814. Nous verrons plus loin comment et à quelle époque il y a eu substitution d'un gouvernement à l'autre.

IV

Examinons maintenant la situation de Dom Miguel à l'égard des puissances étrangères.

On argumente du départ de certains des agents diplomatiques accrédités à Lisbonne et du fait que le gouvernement de Dom Miguel n'a été reconnu que par quelques gouvernements étrangers : il faut répondre à ces objections.

Ce n'est pas la *reconnaissance* qui fait qu'un gouvernement existe ou n'existe pas. Quand, après la mort de Jacques II, Louis XIV reconnaissait son fils pour roi d'Angleterre, il offensait Guillaume III, mais ne conférait pas au Stuart dépossédé la qualité de représentant de l'Angleterre. Quand l'Autriche, jusqu'en 1866, a refusé de reconnaître Victor-Emmanuel pour roi d'Italie, cela n'a pas empêché ce prince de représenter réellement l'Italie. Dona Maria n'a été reconnue par certaines puissances comme reine de Portugal qu'en 1841 : il est cependant bien certain qu'au moins depuis la capitulation d'Évora, elle devait être regardée sans conteste comme souveraine de ce pays. La reconnaissance d'un nouveau gouvernement n'est que la constatation d'un fait ; d'après les principes, elle devrait avoir lieu dès qu'il est certain que ce gouvernement est accepté par le pays. C'est la règle qui est constamment suivie par les États-Unis, et qui l'a été notamment lors de l'avénement de Dom Miguel, —pour les idées duquel on ne peut supposer aux républicains américains une sympathie particulière qui aurait motivé une reconnaissance prématurée.

Si certaines puissances n'ont pas reconnu tout de suite Dom Miguel, ce n'est point parce qu'elles contestaient qu'il représentât le Portugal, que son autorité y fût réellement acceptée, c'est uniquement parce qu'elles blâmaient les moyens par lesquels il était arrivé au trône, sa politique et ses procédés de gouvernement. Elles auraient voulu amener un changement dans le régime intérieur du pays, obtenir au moins une amnistie pour les condamnés politiques (1). Elles admettaient par là, aussi nettement que possible, que Dom Miguel était bien souverain *de fait*. La vraie raison qui a empêché plus tard la reconnaissance, a été le triomphe en France et en Angleterre du parti libéral qui n'a pas voulu paraître approuver le régime absolu

---

1. Cela est dit d'une manière formelle dans un discours prononcé par lord Aberdeen à la Chambre des Lords, en février 1830.

en Portugal, et qui a même favorisé son renversement par Dom Pedro.

Le départ des agents diplomatiques n'est pas autre chose que la manifestation d'un mécontentement n'impliquant pas qu'on dénie au gouvernement le droit de représenter le pays. C'est ainsi qu'en 1856, le gouvernement anglais et le gouvernement français rappelèrent leurs ambassadeurs de Naples, parce que, suivant eux, le gouvernement des Deux-Siciles violait tous les principes de justice. C'est ainsi qu'à la suite de l'échec de la Conférence de Constantinople au commencement de 1877, les grandes Puissances rappelèrent, pour quelque temps, leurs ambassadeurs près de la Porte. Tout récemment les puissances européennes ont refusé d'accréditer des représentants auprès du gouvernement roumain jusqu'à ce qu'il ait modifié la constitution pour admettre les juifs à l'indigénat. Ce retard n'impliquait pas à coup sûr qu'on niât son existence puisqu'on lui demandait précisément d'agir comme gouvernement.

En fait, malgré le retrait des agents diplomatiques, malgré le défaut de reconnaissance officielle, on a considéré le gouvernement de Dom Miguel comme le *gouvernement portugais* et on n'a jamais donné à entendre qu'il y eût deux gouvernements en Portugal, ainsi que cela a été soutenu depuis. Ainsi, à deux reprises, en 1831 et en 1833, la France a adressé des réclamations au gouvernement de Dom Miguel qualifié de gouvernement portugais (1). Cette action de la France soulève

1. **V.** les divers actes officiels relatifs à la réclamation de 1831, l'ultimatum adressé au gouvernement portugais le 15 mai 1831, la note de l'amiral Roussin du 8 juillet 1831 et l'accord du 24 juillet (Recueil de Clercq, IV. 101, 114, 120).

des réclamations contre le gouvernement anglais auquel, dans la Chambre des Lords et dans la Chambre des Communes, on reproche de n'avoir pas protégé le *Portugal* (1).

Comment la situation a-t-elle changé et dans quelles circonstances Dom Miguel a-t-il été renversé? Il est instructif de le rappeler. En 1831, une révolution avait éclaté à Rio de Janeiro et Dom Pedro avait été chassé du Brésil. Il venait en Europe et s'efforçait de trouver des hommes et de l'argent pour détrôner son frère. Le 10 février 1832 (2), il partait de Belle-Isle en mer pour se rendre aux Açores; ses troupes, peu nombreuses, se composaient en grande partie d'Anglais, de Français et de Polonais. Il arrivait à Terceira le 3 mars; le 7 juillet seulement, il atteignait les côtes de Portugal et parvenait à Porto où il s'établissait; il y était presque aussitôt bloqué et le siége durait onze mois sans que d'autres soulèvements se produisissent dans le reste du royaume. Nous arrivons au moment où a été souscrit l'Emprunt litigieux et il importe de préciser les dates.

VII

C'est le 5 octobre 1832 que le roi Dom Miguel a donné quittance de l'Emprunt aux banquiers (3) et c'est

1. Voir l'analyse des séances dans *le Portugal devant les tribunaux français*, page 160 et 161. — Il paraît même, ce qui est plus curieux, que les relations diplomatiques persistèrent entre le Brésil et le Portugal après que Dom Miguel se fût fait proclamer roi: voir le même ouvrage, p. 95, 176 et 177.

2. Voir le manifeste publié par lui huit jours avant (*l'Emprunt royal de Portugal*, p. 143); on y lit cette phrase « le crédit public se rétablira par la reconnaissance de toutes les dettes de l'État légalement contractées soit à l'intérieur soit à l'extérieur ».

3. Voir cette quittance dans l'ouvrage cité, p. 171.

le 3 avril 1833 qu'il y avait une émission publique des obligations à Paris (1).

Tout démontre, à notre avis, qu'il y avait là une opération sérieuse que les souscripteurs français entendaient faire avec le gouvernement portugais. L'emprunt était émis publiquement et coté à la Bourse de Paris. Le gouvernement français ne l'aurait certainement pas toléré s'il s'était agi d'un emprunt fait par des insurgés, — comme l'emprunt de Don Carlos conclu il y a quelques années, — d'autant plus que ce gouvernement était hostile à Dom Miguel.

D'ailleurs, quand on prête à des insurgés, on exige un intérêt très élevé pour compenser les risques courus ; or, l'emprunt de 1832 a été placé à un taux qui exclut tout à fait cette hypothèse. Le taux moyen d'émission en bourse ressort à 680 fr. pour des titres de 1000 fr. rapportant 50 fr. Le public acceptait donc ces titres sur le pied de 7 1/4 0/0 ; c'était un intérêt modéré pour un pays troublé. Les emprunts français, de 1817 à 1818, avaient coûté de 9 1/2 à 7 1/2 0/0, c'est-à-dire que le plus avantageux, émis trois ans après la seconde Restauration, était encore à un intérêt plus élevé que l'emprunt portugais ; le premier des emprunts français avait été émis en 5 0/0 à 52 fr., 50 cent. ce qui correspond à 525 fr. au lieu de 680 fr. pour des titres rapportant 50 fr.

En avril 1831, le 5 0/0 français, *en pleine paix*, était tombé à 74 fr. 80, ce qui faisait ressortir l'intérêt à 6 2/3 0/0, presque le taux de l'emprunt portugais de Dom Miguel. Sans doute, en octobre 1832, quand cet

1. Même ouvrage, p. 176.

emprunt est conclu, le 5 0/0 français approchait du pair (cours moyen 96 fr.) et, en avril 1833, il le dépassait même (cours moyen 101), c'est-à-dire que le public le prenait réellement à 5 0/0 tandis qu'il demandait 7 1/4 à l'Emprunt portugais. Cette différence de 2 0/0 correspond largement à la différence de crédit des deux pays, et le gouvernement actuel de Portugal n'emprunte pas aujourd'hui à des conditions meilleures eu égard à la valeur de l'argent. En effet son récent emprunt — occasion du procès actuel — se compose d'obligations rapportant 25 fr., prises par les banquiers soumissionnaires à 398 fr. et *offertes* par eux au public à 465 fr. (la parité pour des obligations de 50 fr. comme celles de Dom Miguel serait 796 et 930). D'après le prix payé par les banquiers, c'est un emprunt qui coûte près de 6 1/4. Or la Rente française rapporte aujourd'hui moins de 4 0/0 (1). Nous retrouvons donc ce même écart de 2 0/0 qui séparait la Rente française et la Rente portugaise en 1833. Mais le Portugal est aujourd'hui *en pleine paix* et il n'emprunte cependant pas à de meilleures conditions que Dom Miguel.

Cela ne prouve-t-il pas que les financiers — les gens les mieux instruits du monde, dit-on — considé-

---

1. Le 4 0/0 français, coté à la Bourse 105 francs, rapporte par conséquent un peu moins de 4 0/0 et le 3 0/0, coté 85 francs ne rapporte pas beaucoup plus de 3 1/2 0/0. Il est vrai que les cours actuels du 4 1/2 et du 5 font ressortir leur intérêt au dessus de 4 0/0, mais on ne peut plus prendre le cours de ces rentes comme indication de l'intérêt de l'argent quand elles ont beaucoup dépassé le pair, parce qu'elles courent alors le risque très-grave du remboursement au pair ou de la conversion, risque qui entraîne naturellement une dépression relative des cours. En prenant pour base le cours du 3 à 85, le 4 1/2 devrait valoir 127 fr. et le 5 0/0 devrait se vendre 141, tandis qu'ils n'atteignent pas respectivement 117 et 119 au moment ou nous écrivons.

raient universellement Dom Miguel comme un souverain régulier et solide, engageant le Portugal par ses actes? Cela ne prouve-t-il pas en même temps que l'Emprunt de 1832 a été émis honnêtement et ne ressemble en rien aux opérations aléatoires qu'on a vu se produire dans ces dernières années? Ceux-là, au contraire, faisaient une opération purement aléatoire qui prêtaient à Dom Pedro, lui qui, avec des secours étrangers, envahissait un pays soumis tout entier à l'autorité de Dom Miguel.

VIII

Au moment même de l'émission de l'Emprunt à Paris, la situation de Dom Pedro n'avait pas changé, il était toujours bloqué dans Porto. C'était là une insurrection locale qui ne pouvait altérer le caractère du Gouvernement de Lisbonne. En 1833, une goëlette française, l'*Alcyon*, avait été coulée bas par une batterie portugaise, établie le long du Douro. Le Consul général de France à Lisbonne réclama. *Le Moniteur du 21 avril* 1833, en tête de la partie non officielle, contenait la note suivante : « Le *gouvernement portu-* « *gais*, faisant droit aux réclamations que le Consul « général du roi à Lisbonne avait ordre de lui présenter, « a destitué l'officier commandant la batterie qui a « tiré sur l'*Alcyon* » ; on rapportait ensuite un *avis* inséré dans la *Gazette officielle* de Lisbonne. Le public français apprenait ainsi officiellement que le gouvernement portugais était celui de Dom Miguel? Comment se serait-il avisé de croire qu'il y en avait deux, et que le bon, le vrai, celui avec lequel on pouvait traiter valablement, était précisément celui auquel le gouvernement français ne s'adressait pas et ne semblait même pas connaître?

Les débats qui ont eu lieu au Parlement anglais le 3 *juin* 1833, montrent de la manière la plus claire que c'est encore Dom Miguel, qui règne, à cette date, en Portugal. A la chambre des lords, le duc de Wellington développe une motion sur les affaires du Portugal ; il reproche au gouvernement de n'avoir pas protégé le Portugal contre les réclamations de la France, d'avoir favorisé l'expédition de Dom Pedro dont le but n'était un secret pour personne ; il rappelle qu'en Angleterre, au vu et su de l'administration, on a enrôlé des marins, des soldats et des officiers, on a acheté des munitions et des provisions. Lord Grey, au nom du gouvernement, reconnait qu'il y a un roi de fait en Portugal, rappelle les circonstances dans lesquelles a eu lieu l'usurpation de Dom Miguel, le retrait de l'ambassadeur britannique qui était la plus forte marque de désapprobation qui pût être donnée. Il ajoute que Dom Pedro a le droit de faire valoir par la force les titres de sa fille à la couronne. Lord Aberdeen appuie la motion avec chaleur ; il observe que, bien que Dom Pedro occupe une place importante au cœur même du pays, aucun mouvement ne s'est manifesté sur d'autres points contre le gouvernement de celui qu'on appelle un usurpateur.

Le même jour, à la Chambre des Communes, un membre demande à Lord Palmerston si l'intention du gouvernement n'est pas de reconnaître que Dona Maria est de fait reine de Portugal. Le ministre répond :

bien que l'autorité de Dona Maria soit reconnue dans les Açores et à Porto, *cependant on ne peut pas dire que, par ce fait seul, elle soit réellement souveraine du Portugal.* Mais si des événements quelconques la plaçaient dans cette situation, on peut être assuré que ceux qui ont reconnu son droit s'empresseraient de la reconnaître comme reine de fait. Ainsi voilà un gouvernement aussi bien disposé que possible pour Dona Maria, qui a favorisé l'entreprise dirigée contre le gouvernement de Dom Miguel et qui, en juin 1833, *huit mois* après que l'emprunt litigieux a été contracté, *deux mois* après qu'il a été émis publiquement à Paris, avoue que Dom Miguel est encore de fait le souverain du Portugal et refuse de reconnaître théoriquement comme souverain de ce pays le prétendant qu'il déclare légitime. Cela nous suffit pour établir la situation de ceux qui traitaient avec Dom Miguel ; dans les relations internationales, il n'y pas coexistence d'une souveraineté de droit et d'une souveraineté de fait.

La flotte pédriste quitte Porto ; elle est commandée par un Anglais, le capitaine Napier, qui, le 11 juin 1833, adresse aux troupes placées sous ses ordres une proclamation (1) où nous lisons les passages suivants, qui caractérisent l'entreprise : « Que l'ennemi mette « en mer et vous verrez ce qu'on en fera ; s'il reste « dans ses ports, nous ferons des attaques simultanées « sur divers points de la côte et nous pouvons prévoir « un soulèvement général du peuple contre l'usurpa- « tion et la tyrannie. — Mes amis, nous avons des « batailles à gagner et de grands efforts à faire.....

1. *Le Moniteur* du 7 juillet, p. 1808.

« Tous les hommes libres en Europe ont les yeux atta-
« chés sur vous. Quand la bataille sera gagnée,
« vous serez salués comme des hommes qui auront
« arraché le Portugal à l'oppression et à la tyrannie ».
L'état des choses en Portugal est caractérisé nettement
par ces paroles ; le pays est soumis à Dom Miguel et on
veut, par une *invasion*, substituer un autre gouvernement
à celui qu'on qualifie d'usurpateur et de tyrannique.

Napier remporte le 5 juillet 1833 une grande victoire
navale qui fait pressentir l'issue de la lutte. Dom Pedro
entre quelque temps après à Lisbonne. La reconnaissance de Dona Maria, qu'étaient pressés de faire le gouvernement anglais et le gouvernement francais, eut lieu
à la fin d'août et au commencement de septembre
1833 (2). Dom Miguel ne quitta le Portugal que
dans le courant de 1834, à la suite du traité de la
Quadruple-Alliance (22 avril 1834) qui lui ôta tout
espoir.

IX

La conclusion à tirer des explications dans lesquelles nous sommes entrés est celle-ci :

Dom Miguel a été réellement roi de Portugal de 1828
à septembre 1833, il a été partout considéré comme
tel, même dans les pays dont les gouvernements, par an-
tipathie pour sa personne ou les idées qu'il représentait,
ne l'avaient pas reconnu officiellement. Les banquiers
qui contractaient l'emprunt en octobre 1832, les souscripteurs qui, en avril 1833, achetaient des obligations,

1. Discours du Trône en Angleterre le 27 août — Note insérée au *Moniteur*
le 9 septembre.

avaient le droit de penser que le *Portugal* s'obligeait
envers eux, c'est à l'Etat portugais, régulièrement représenté, non à Dom Miguel personnellement qu'ils faisaient crédit. La restauration de Dona Maria n'a pas ef-
facé la période intermédiaire ; un gouvernement a succédé à un autre, il doit tenir les engagements de celui-
ci conformément aux principes universellement reçus
et rappelés au début de ce mémoire.

Objectera-t-on la protestation lancée par le comité
pédriste dans l'île de Terceira, le 23 août 1830, et dans
laquelle il est déclaré que « jamais ne seront reconnus
« comme obligatoires pour la couronne du Portugal,
« en quelque temps que ce soit, et seront considérés
« comme nuls et sans effets, tous les emprunts, paie-
« ments anticipés et autres contrats onéreux pour les
« finances du Portugal, que le gouvernement de S. A
« R. l'infant Dom Miguel a effectués depuis le 25 avril
« 1828 ou'effectuera à l'avenir » (1)? Sans rechercher
si des déclarations postérieures du même parti ne sont
pas en désaccord avec cette protestation (2), nous n'hé-
sitons pas à dire qu'elle ne peut avoir aucune valeur.
Rien n'est brutal comme un fait et les plus solennelles
protestations n'y peuvent rien changer. Le comité qui
fonctionnait à Terceira, ne pouvait pas plus empêcher
Dom Miguel de représenter de fait le Portugal que la
protestation du comte de Provence (devenu depuis
Louis XVIII) contre l'établissement de l'Empire n'avait
empêché Napoléon Ier d'être le souverain très-réel de la
France jusqu'en 1814. Aussi, malgré ses protestations,

1. Voir le texte entier, *Emprunt royal de Portugal*, p. 136 et 137.
2. Même ouvrage p. 139 et 142.

Louis XVIII se considéra-t-il en fait comme l'ayant cause de Napoléon Ier pour les obligations contractées sous le règne de celui-ci et même plus tard pendant les Cent-Jours.

X

Quand Dom Pedro s'est emparé de Lisbonne, il a trouvé dans les caisses publiques des valeurs provenant de l'Emprunt de 1832, des lettres de change remises par les banquiers Outrequin et Jauge. Le fait est constaté par un décret de Dom Pedro lui-même qui déclare que le contrat n'est pas obligatoire pour le Trésor, mais qu'il convient de remettre les fonds à ceux auxquels ils peuvent appartenir. En conséquence il nomme une commission qui sera chargée de recouvrer le montant de ces traites dans ce but spécial (1).

Le procédé auquel on recourut pour opérer le recouvrement est des plus curieux ; les traites étaient créées à l'ordre de M. Couto Fernandès, directeur de la trésorerie, et il fallait un endossement pour agir contre les tirés. Dom Pedro, qui avait destitué tous les fonctionnaires, en arrivant à Lisbonne, — ce qui, pour le dire en passant, peut être le fait d'un gouvernement *succédant à un autre,* mais n'est pas le fait d'un gouvernement régulier triomphant d'une insurrection (2), — maintint M. Couto Fernandès ; il l'amena à endosser les traites, puis, l'opération faite, il le destitua (3).

1. Voir le décret, *Emprunt royal de Portugal,* p. 151.

2. Aurait-on compris, par exemple, le gouvernement français révoquant en 1871, M. Paschal Grousset, ministre des affaires étrangères, ou M. Jourde, ministre des finances de la Commune.

3. Même ouvrage, p. 150.

C'était bien se comporter comme l'ayant-cause du précédent gouvernement ; on déclarait répudier le contrat fait par lui et, en même temps, on en réclamait l'exécution. Les poursuites contre les débiteurs des lettres de change eurent lieu pendant plusieurs années, paraît-il, et le montant des sommes ainsi recouvrées figura même quelques années sous une rubrique spéciale dans les budgets portugais (1).

On a peine à comprendre qu'un gouvernement régulier, soucieux de son crédit — nous ne voulons pas dire de son honneur — n'ait tenu aucun compte de ces faits et se soit approprié purement et simplement les sommes en question. Que, sous l'empire de la passion politique et dans l'ardeur de la lutte, le parti triomphant ait traité le gouvernement de Dom Miguel comme s'il s'était agi d'une bande d'insurgés campée sur un coin de territoire, on peut encore le comprendre. Mais que le chef d'un gouvernement ait constaté qu'il prenait possession de l'argent d'autrui pour le remettre à qui de droit, que ce gouvernement ait demandé l'exécution du contrat dont il repoussait les conséquences onéreuses, qu'il se soit fait ainsi remettre des sommes provenant des souscripteurs et qu'il ait ensuite dédaigneusement repoussé ceux-ci, nous ne pouvons nous l'expliquer. Quel service le Portugal n'aurait-il pas rendu à ses finances, à son crédit, s'il avait depuis longtemps donné satisfaction aux prêteurs qui n'invoquaient pas seulement la solidarité existant entre les gouvernements qui se succèdent dans un pays, mais qui se prévalaient des propres déclarations et des propres actes du gouvernement actuel !

1. Même volume, p. 156.

XI.

On prétend, paraît-il, que le gouvernement de Dona Maria a pu s'approprier les sommes provenant de l'Emprunt de 1832, *à titre de butin de guerre*, et que l'engagement pris par Dom Pedro était inconstitutionnel (1). S'il s'agissait d'un particulier, on dirait que ce sont là de pures subtilités imaginées pour se soustraire à une promesse sacrée. Peu de mots nous suffiront pour en faire justice, après tout ce qui a été dit sur ce point spécial par d'éminents jurisconsultes (2).

Quelque large que soit l'idée qu'on se fasse du butin de guerre, elle ne peut jamais comprendre que ce qui appartient à l'ennemi vaincu et non ce qui appartient à des tiers étrangers à la lutte. Les traites trouvées en la possession du gouvernement de Dom Miguel ne lui appartenaient que par suite de la réalisation de l'Emprunt de 1832 ; Il n'y avait pas de doute possible sur leur origine et il n'y en a pas eu.

Le gouvernement de Dom Pedro avait le choix entre deux partis : si, — contrairement au droit, — il répudiait le contrat intervenu entre le gouvernement portuguais de 1832 et les banquiers de Paris, il devait restituer les traites à ceux-ci ; s'il acceptait le contrat, il pouvait alors poursuivre le recouvrement des traites, puisque ce contrat n'ayant pas été fait avec Dom Miguel personnellement, mais avec le Portugal, le gouvernement de Dom Pedro se trouvait représenter

---

1. Réponse faite à des réclamations du gouvernement français, même volume, p. 236.

2. Consultations de MM. Berryer, Dufaure, Odillon, Barrot, de Vatimesnil dans l'ouvrage déjà cité p.

alors le Portugal. Mais c'était une prétention contraire à la fois au droit, à l'équité et au bon sens que de répudier le contrat, de garder les traites qui n'avaient été donnés qu'en vue de ce contrat et d'en poursuivre le recouvrement en vertu de ce contrat même.

L'inconstitutionnalité, qui entacherait le décret de juillet 1833, nous paraît assez singulière. Quelles que soient les dispositions de la constitution portugaise, — si on peut dire qu'en juillet 1833 il y avait une constition existante, — Dom Pedro, chef du parti vainqueur, alors que la capitale est prise, mais que la lutte dure encore et doit durer de longs mois, ne devait-il pas avoir des pouvoirs très étendus ? Y a-t-il un acte qui dépasse les attributions ordinaires d'un chef d'Etat, même d'un chef d'armée, dans cette déclaration relative à l'origine des deniers et des lettres de change ? Il y a la simple constatation d'un fait matériel ; l'engagement de restituer est celui de toute personne qui détient le bien d'autrui ; il ne peut y avoir à ce sujet deux règles de droit, une pour les particuliers, l'autre pour les gouvernements.

Il y a plus : l'inconstitutionnalité, si elle a existé, a été couverte par le gouvernement portugais régulièrement organisé, par les Cortès eux-mêmes. Les poursuites exercées dans les années suivantes contre les signataires des traites l'ont été en vertu de ce décret dont la légalité n'a pas été mise en question tant qu'il s'est agi de toucher. D'ailleurs les Cortès se sont approprié le décret en votant la loi du budget où on mentionnait les sommes reçues, avec leur origine spéciale.

Dans tous les cas, les sommes payées en Angleterre au représentant de Dona Maria ne l'ont été que sous promesse de répartition entre les porteurs de l'emprunt et, en quelque sorte, à titre de dépôt. Si cette promesse a été faite sans mandat régulier du gouvernement portugais, celui-ci, en répudiant la promesse, échapperait aux obligations spécialement rigoureuses des dépositaires, mais il n'en devrait pas moins se dessaisir du dépôt ; il aurait même dû le faire immédiatement puisqu'il reconnaissait le détenir sans cause.

Enfin les budgets portugais eux-mêmes font foi que ces sommes, formant un compte distinct jusqu'en 1841, ont été employées, même sept ans après la prise de Lisbonne, aux dépenses utiles du gouvernement de Dona Maria, et celui-ci en doit compte à ce nouveau titre, quelle que soit leur origine, comme un mineur par exemple, tout en faisant annuler ses obligations, doit tenir compte de l'argent utilement employé à son profit.

Nous croyons donc qu'indépendamment de tout rapport de droit entre le gouvernement de Dom Miguel et celui de Dona Maria qui lui a succédé, ce dernier est tenu envers les souscripteurs de l'Emprunt de 1832, parce qu'il s'est approprié des valeurs provenant de ces souscripteurs et qui n'avaient été livrés par eux que sous la condition de l'exécution du contrat d'emprunt. S'il veut satisfaire aux règles élémentaires de la justice, du droit privé comme du droit public, le gouvernement portugais doit donc faire état des sommes ainsi perçues par lui, avec les intérêts de ces sommes, puisqu'elles ont été employées par lui à ses besoins, et qu'il avait déclaré se conduire comme un gérant d'affaires dans l'intérêt des porteurs de titres, si singulièrement traités depuis.

Cette conclusion n'est pour nous que subsidiaire. Nous maintenons très fermement l'opinion que nous exprimons dans la première partie de ce mémoire. Nous pensons que le gouvernement de Dona Maria était l'ayant-cause du gouvernement de Dom Miguel et devait exécuter les engagements pris par ce gouvernement surtout envers les étrangers qui n'avaient pas à se préoccuper de la légitimité ou de l'illégitimité du pouvoir de Dom Miguel. Nous croyons donc que le gouvernement portugais actuel, héritier légitime de celui de Dona Maria, est tenu de toutes les obligations contractées dans l'emprunt de 1832.

Délibéré à Paris, le 29 avril 1880.

Em. ALGLAVE,
Chargé du cours de science financière,
à la Faculté de droit de Paris.

Louis RENAULT,
Chargé du cours de droit
des gens à la Faculté
de droit de Paris.

Paris. — J. Mersch et Cie, imp., 8, rue Campagne-Première. 5-681

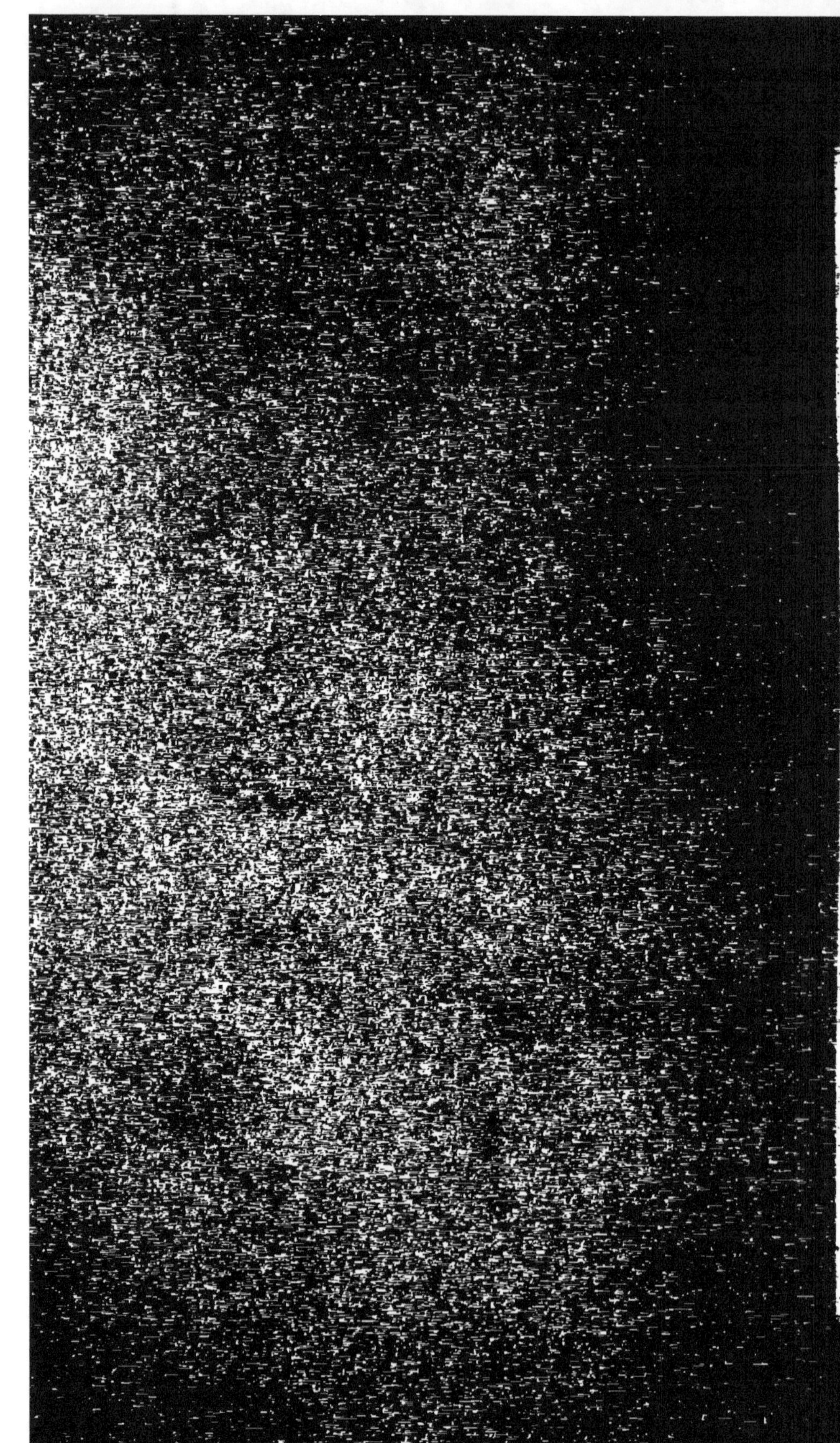